폭우반점

조우연 시집

문학의전당 시인선
0314

폭우반점

조우연 시집

문학의전당

시인의 말

몸을 못 삼아 붙잡고 살아온 그림자를
이제 놓아주려 합니다.

새들이 그러하듯이.

2019년 가을
조우연

차례　　　　　　　　　시인의 말

제1부

폭우반점(暴雨飯店)　13
컵 씨　14
파트리크 쥐스킨트　16
벨벳 문　18
태양계 가족　20
조우연　22
조우연 아재비　24
문의 말　26
마르코 폴로　28
접시　30
바느질의 달인　32
반구대암각화　34
조어(鳥語) 학원　36
말주머니　38
숟가락　40
자전거를 타고 굴렀어　42

나는 양말족　44
노르웨이 숲　46

제2부

관상용　49
약국(藥國)　50
만첩홍매(萬牒紅梅)　52
위신　54
나무의 무릎　56
진양조 해금 산조　58
달나라 배꽃이 필 무렵　60
섬　62
아버지　64
선비 김뢰진　66
생이기정　68
빗살무늬토기　70
나무　72

플랫이 붙은 어느 노동자의 악보 74
시 76
외떡잎 78
고래가 숨을 쉴 때 80
시의 수사법 82

제3부

밥 85
이녁 86
엄마 88
이사 90
철통 밥그릇 92
낙원寺 93
전봇대 94
옹기들 96
지층 98
꽃값 99

강대나무 100

발목 102

멸치들 104

사랑 105

면목동 반지하 106

껌 씹는 염소 108

모자라거나 넘치거나 110

해설 │ 검은 우울과 바느질의 수사(修辭) 111
　　　　신종호(시인)

제1부

폭우반점(暴雨飯店)

주문한 비 한 대접이 문 밖에 도착
식기 전에 먹어야 제 맛
수직의 수타 면발
자작 고인 국물
허기진 가슴을 채우기에 이만한 요긴 다시없을 듯

빗발
끊임없이 쏟아져 뜨거움으로 고이는 이 한 끼
단언컨대,
죽지 말라고 비가 퍼붓는다

자, 대들어라
피골이 상접한 갈비뼈 두 가락을 빼들고!

컵 씨

너무 우울한 컵 씨는 귀가 자꾸 늘어난다

아무 울적한 일이 없어도 컵 씨의 한쪽 귀는 자꾸 당겨진다

누가 차 한잔할래요 하면서 컵 씨의 명랑을 의심하면
컵 씨는 왼쪽 귀를 오른쪽으로 우회한다 못생기고 과장스런 표정을 짓는다

그리곤 컵 씨는 고개를 숙여
안녕하세요 하고 밑바닥까지 보여준다 하지만
컵 씨의 진짜 바닥은 밑 하고도 바깥쪽이라 컵 씨 반대편에 서만 컵 씨의 감정을 볼 수 있다

그릇 된 컵 씨는
그릇된 감정들을 녹차 커피 꽃차 등으로 발효시킬 수 있다

누가 내 두 귀를 잡고 기울이면 애써 가라앉힌 내부의 침전들이 쏟아질까 몹시 불안하다

낯뜨거운 일이 생기면 컵 씨는 귀를 만지는 버릇이 있다
듣는 일은 냉정을 요하는 일이므로 귀는 늘 차갑다

귀가 무능해지거나 기가, 귀가 막히면 컵 씨는 뒤집어진다
엎어진 컵 씨에 대해 이야기하니까
한쪽 귀를 자르고 하나 남은 귀로
비로소 온전한 컵이 되었다는 고흐라는 컵 씨 생각이 난다

귀 없는 종이컵에 믹스커피를 먹는 공사장 그들은
컵 씨라고 불리지 못하고
김 씨 혹은 조 씨 등으로 불린다

귀가 없는 컵 씨들의 뜨거운 삶은
울컥하고 곧잘 쏟아지므로 꽉 쥐어야 한다

파트리크 쥐스킨트

 쥐똥나무 울타리를 쳐다보다 파트리크 쥐스킨트가 생각났다. 쥐똥나무 향긋한 향수를 맡으며 소설 『향수』의 저자, 파트리크 쥐스킨트가 생각났다. 쥐똥나무 울타리 쥐구멍으로 빠뜨린, 그 쥐스킨트의 고독이 물씬 풍겨오는 저녁, 쥐가 성성 좀먹은 쥐똥나무 울타리 저 건너 성큼성큼 좀머 씨*가 걸어가는 것이 보이는 것도 같은데, 자세히 들여다보면 개와 햇빛을 기피한 파트리크 쥐스킨트가 성급히 달아나는 게 보인다.

 사진 찍기 싫어하고 수상 따위도 거부한 파트리크 쥐스킨트가 쥐똥나무 울타리에 숨어서 글을 쓰고 있다. 쥐도 아니면서 쥐똥을 싸는 쥐똥나무처럼 쥐똥쥐똥 글을 싸고 있다. 내가 그에게 다가가 무어라 말이라도 붙일라치면 그는 절규했다. 나를 제발 좀 그냥 놔두시오!**

 나도 쥐똥나무 속에 들어가 시를 싸기로 했다. 내 시를 본 평론가가 말했다. "당신 작품은 재능이 있고 마음에 와 닿습니다. 그러나 당신에게는 아직 깊이가 부족합니다."*** 나는 쥐똥나무 울타리 속으로 더 깊이 더 깊숙이 들어가 시를 싸기로 했다. 파트리크 쥐스킨트, 파트리크 쥐똥나무, 파트린 쥐똥나무, 빠뜨린 쥐구멍, 그 속의 쥐똥쥐똥, 깊이, 깊이, 기피…… 도주하는 쥐의 까만 눈알들. 우물우물 우울우울 읊조리면서,

---

*좀머 씨: 파트리크 쥐스킨트의 소설 『좀머 씨 이야기』의 등장인물.
**소설 『좀머 씨 이야기』에서 좀머 씨가 부르짖은 말.
***파트리크 쥐스킨트의 단편 「깊이에의 강요」 중에서.

벨벳 문

엄마가 치마를 펼쳐 우리의 얼굴을 덮어주었네
밤이야, 자야지?

밤은 엄마의 검고 푸른 벨벳 치마로 만들어진 어항

들키지 않게
검지 손톱으로 어항에 동그랗고 하얀 구멍을 낸다

어머! 보름달이야

구멍에서 여섯 개의 팔분음표 지느러미를 나풀대며 나온 해파리들이 서쪽으로 자장자장 헤엄쳐 가다 까물대는 내 눈꺼풀에 걸린다, 흐늘흐늘, 흑흑

달 구멍 밖에서 파도치는 엄마의 울음소리
섬 그늘에서 굴을 캐던 바구니에서 집 지키던 아이가 쏟아진다

놀란 해파리 떼가 팔분음표를 잘라낸 후 밤의 수면 밖으로 달아나고
겁에 질린 음표들이 넷씩 부둥켜 앉아 손가락을 빠네
아아, 긴박한 밤의 변주곡

자, 이제 정말 잘 시간이야

아직 환할걸요

나는 검은 벨벳 치마를 벗어 밤의 한가운데에 어린 딸을 뉘이고
못다 찬 글[文] 바구니를 들고 어둠의 정중으로 푹푹 걸어 들어간다

잠든 아이가 달의 뿌리처럼 자라는 그믐밤
해진 벨벳을 뒤집어쓰고 잠든 것처럼 죽기 좋은 밤

태양계 가족

중심에 엄마가 있었고 영원한 빛에너지이며 생명의 근원이었다. 절대 꺼지지 않을 우리 모두의 태양.

태양 가장 가까운 궤도에서 단 한 번도 벗어난 적 없는 오빠는 자신의 불안정한 운행에도 딸린 위성 셋을 달고 태양을 돌고 있다. 1억 년은 더 늙어 보인다.

이런저런 사고를 치던 나를 두고 탄생 시기의 부절적성과 타고난 대기 성분의 부조화 진단을 내린 적이 있으나 지금도 나는 삐따닥한 기울기로 나만의 궤도를 돌고 있다. 술 마신 날엔 거꾸로 돌기도 한다.

서로의 중력에 못 이겨 맞물려 돌고 있는 남편과 나, 광활한 우주에서 부부의 연이 결코 가볍지는 않겠으나 떠돌이별의 근원적 궤도이탈 갈망을 이해하는 게 좋지 않겠나.

광원도, 마땅한 행성도 되지 못하고 숫자로 명명된 아버지는 경로당과 경마장을 오가며 소혹성 모임을 갖고 있다. 태양계의 한 구석을 떠돌면서 한때 버젓한 행성이었다는 그들은 자체 발광하는 척, 척을 한다.

 오, 우리 모두의 태양, 언제나 그 자리에서 우릴 비춰주는 엄마, 절대 꺼지지 말아야 할 태양에 흑점이 발견되었을 때 비로소 우주에 영원이 없다는 것을 깨달았다. 의심치 않았던 것들의 상실이 떠돌이별들의 중력을 늘린다.

 우리는 각자 떠돌다가도 정체모를 혜성이 다가오면 나름의 명분으로 뜬금없이 뭉쳤다. 반대편의 음영을 들키지 않으면서 서로 눈부시게 빛났다. 누구든 돌았으므로 아무도 돌지 않았다.

 어느 SF영화의 엔딩에 나왔듯이 우주에는 이런 태양계가 수도 없이 많으며 은하계 역시 거인의 손에서 굴러다니는 구슬 속 작은 먼지일지 모른다 하니

 적막하고 고독한 범사에 감사하며 살아야겠다고 23.5도 비딱한 자세로 생각했다.

조우연

　제목이 조우연이었다. 태어난 지 석 달이 넘고서야 조부는 그렇게 제목을 지었다. 다 쓰고 난 뒤 제목을 다는 시처럼 진짜 제목이 아닐 수도 있다. 어린 시절 조연들의 비중이 너무 컸다. 특히 아빠와 엄마의 활약이 컸다. 비 내리는 밤 담배연기 자욱한 미장센. 첫장부터 막장이었다. 자주 엎어지는 밥상과 텔레비전, 전화기 등 소품 소모가 엄청났다. 그 와중에 나는 공부 잘하는 모범생 역이었다. 연기력이 날로 늘었다. 지문으로는 (알 수 없는 표정을 지으며)가 쓰여 있었다. 도무지 알 수 없었다. 자기 전 거울 앞에서 연기 연습을 거듭. 그러나 나의 발연기는 한계에 다다랐고 복선과 암시가 있었음에도 역경의 파도에 외상은 흉하게 남았다. 외로워도 슬퍼도 울지 않았다. 다만 들장미 소녀 캔디는 자연스러웠고 나는 어색했다. 가장 고난이도의 고난은 연애였다. 애정의 결핍으로 인해 애정은 더욱 결핍되고 마는 연애. 사랑 소망 믿음 그중의 제일은 믿음인 것을 애 둘을 낳고 알았다. 동료와 팬들은 새로운 배역에 대한 도전을 격려했다. 조우연에서 조우연 선생님이 되었다. 즉흥연기의 대가인 아이들과 함께하는 장면들은 별다른 연습이 필요 없다. 내가 주연이 아닌 조연인 것도 최근에 알았다. 대본이 바뀌었을 거라고 생각했던 적도 있었다. 주변을 훔쳐보면 제목에 상관없이 막장이거나 지루했다. 별거 없다. 모든 것이 필연을 가장한 우연이다. 지금은 조우연이지만 진짜 제목은 막이 내린 후 조필연이 될 수도 있다. 난 지금의 제목도 맘에 든다. 매일이 연극이다.

조우연 아재비

세상 모든 아류는 아재비다
왕골 아류는 왕골아재비, 미나리 아류는 미나리아재비라 불렀다

게아재비는 게의 표절이고 범아재비는 범의 해적판이다
그러니까 나 조우연은
조우연의 아류고 표절이다

조우연의 농담을 따라 하고
조우연의 걸음걸이를 흉내 내고 산다
조우연의 울음소리로 절망하고
쓸쓸할 때 이마를 짚는 버릇과
검지로 밤하늘 별을 뭉개는 버릇도 따라 한다
그녀의 빗물 문체를 필사한다

그러나 나는
전혀 조우연이 될 수 없고
조우연 아재비다

조우연의 우물과
그 안의 검은 우울을 가질 수 없다
슬픈 날에도 그녀처럼
실눈으로 눈물까지 찔끔거리며 웃는 눈치가 없다
제법 스러울 수는 있고 답게는 될 수 있으나
겨우 조우연 아재비일 뿐이다

사실 참 다행이다
조우연이 비바람을 맞고 떨고 있을 때
나는 떠는 척만 해서
조우연이 세상 돌아가는 일에 게거품을 물며 선두에 설 때
나는 그럴듯한 구호를 외치며 뒷줄에 서서 언제든 돌아설 수 있으니
아재비라서 참 천만다행이다

문의 말

말발굽 하나 단 저 문을 말이라 할 수 있다

문은 어제 저녁 초원을 달려 겁먹은 양떼를 몰고 왔을지도, 고립된 자세로 보아 붉은 두건을 쓰고 야간 경마장 5번 트랙을 돌며 밤새 라흐마니노프를 울렸을지도 모른다

세워놓은 관 뚜껑 같은 문을 말의 긴 얼굴과
나머지 세 발목과
뭉개진 불안을 짊어진 등허리 어디쯤이라고 할 수도 있다
발목 하나로 앓는 환상통
앞발 하나를 들고 꽉 닫힌 말은 고독이 얼마나 아픈지 바닥 깊이 박혀 있다

냉장고 문에는 말발굽이 없다
차갑고 음울한 말의 얼굴뿐이다
주력을 상실한 말은 밤마다 속을 썩이며 웅웅 우는 소리를 낸다

철물점에서 노루발은 말발굽보다 네 배 싸다

가스검침원에 의해 발견된 옆집 남자의 긴 침묵
열린 문으로 실려 나가는 그의 발목이 다 썩어 있다
그는 얼마나 말을 하고 싶었을까

문 안에서도
문 밖에서도 고독한 말들

둥근 문의 반쪽에 말발굽을 달고 어둠의 반대편으로 달아
나 버린 반달
 바람에 삐걱거리는 반 남은 저 문을
 오늘밤은 말이라 할 수 있다

허연 잇몸을 드러내고 웃는 저 달이
오늘밤은 문의 말이다

마르코 폴로

 뿔이 일 미터 넘게 자라는 파미르 고원의 산양, 돌 비탈을 잘 타는 이 양을 그가 보았고 그의 이름은 16세기 이탈리아의 탐험가 마르코 폴로. 그래서 양의 이름은 마르코 폴로가 되었다.

 그렇다면 나를 발견해 나를 조우연이라 불리게 한 조우연은 누구일까. 파미르 고원의 암벽에 발톱을 박고 일 미터도 넘게 자란 고독을 이마에 단 나를 설원의 한가운데서 응시하던 조우연. 탄지경에 서로의 눈 속에 박힌 먹먹한 자갈돌이 부딪혀 불꽃이 튀었을까.

 다큐멘터리에서 사막 먼 곳을 찾아가 홀로 죽음을 맞이하는 마르코 폴로 암컷의 눈을 보았다. 이탈리아 마르코 폴로의 이름이 천천히 지워지는 그 순간, 나를 처음 봤을 조우연의 눈을 이해했다.

 눈표범이 눈을 맞으며 마르코 폴로를 뜯어먹고 있다. 이따금 허공을 향하는 눈, 눈표범 등허리에도 작명의 무늬가 바람

구멍처럼 숭숭하다. 조우연, 하고 부르면 허기진 얼굴로 돌아볼 마르코 폴로들과 한참 마주 보고 싶어지는, 끔찍하게 쓸쓸한 장면이다.

접시

점심때가 되자 접시가 한상 차려진다
생기 잃은 식욕이 부끄러운 나는
들키지 않게 식탁 밑으로 뚝뚝 이빨을 뽑아 던진다
쓸데없는 고집처럼 어금니는 잘 안 빠진다

접시 가장자리를 뜯어먹거나 수저만 씹어대는
고질적 식습관에 한상이 식어간다

나이를 씹어 먹는 돌, 접시에 물린 지 오래
엄마의 얼굴도, 엄마의 젖가슴도, 엄마의 가방도 모두 접시다
아침에도 당신의 접시꽃, 아니 꽃접시 당신을 먹었던가

오븐에 오래 부풀려도 그것은 조금 두꺼워지는 접시
금세 납작해지는 거짓말, 거짓말, 거짓말

생일에는 소금 간조차 뺀
찰찰 비린내 날리는 바람의 육회나 실컷 먹어봤으면

아, 접시는 필요 없어요

이렇게 수치를 공손히 내밀면 내 손바닥이 벌써 접시니까요

바느질의 달인

 우우— 하품을 할 때마다 실밥 뜯어지는 소리가 나, 뜯어진 턱을 쥐고 질경질경 씹어본다. 질긴 기억들에서 더 이상 단물이 나지 않아.

 아버지, 당신이 고공에서 하는 바느질 소리가 고막을 찢어요. 못이 뇌관을 관통해 박힌 지 오래되었답니다. 완공된 빌딩이 무너지기를 반복하잖아요. 괜찮다, 못은 많고 애빈 바느질에 이골이 났단다.

 아, 어머니, 당신이 지하에서 박는 미싱 소리가 가로등의 간격을 허물고 있어요. 잠시 한눈을 졸면 껌뻑이며 제자리를 이탈해버린다고요. 놔둬라, 다 갖고 살 순 없단다. 내 금세 다시 박아주마.

 내 바느질은 어디부터 잘못되었을까요. 다 뜯어내고 매듭부터 다시 지어야 할까요. 도주를 꿈꿀 때마다 손끝에서 피가 솟구쳐요. 월담을 꿈꾸는 넝쿨장미의 허리를 동여매는 헤링본스티치의 위력 같은 것, 마치.

이마에 둥근 시계를 박아 주세요. 일정한 초침의 바느질은 후회를 만들지 않아 다시 실을 푸는 일이 없지요. 어느 때고 초침이 멈추면 눈과 입과 음부까지 꿰매 주세요. 변명이 새어 나가지 않게, 한 땀 한 땀.

반구대암각화

아이가 동굴 같은 반지하방 벽지에 본 적 없는 향유고래를 그리는 시대
자본주의 바다에서 집채만 한 고래를 잡아 동굴 밖으로 나가보려 고전하는 시대
고래를 놓친 남편의 등가죽에 붙은 따개비를 밤새 떼어내는 아내,
귀신고래 같은 그 슬픈 아내가 어둡고 차가운 심해를 헤맨 남편의 낮은 휘파람 소리를 밤새도록 듣는 시대
동굴 밖으로 비가 내리고
또 어느 누가 고래를 잡지 못하여 우는 소리를 듣는 시대
고래고래 울기만 하는 고래가 되어 빈 소주병처럼 누워 영영 표류하는 시대
녹슨 작두가 유품처럼 쓸모를 잃고 쓸쓸히 비를 맞는 시대
깜깜한 하늘 귀퉁이가 찢어져 번쩍하고 번개가 칠 때
고래들이 벽지를 찢고 나와 밤바다로 멀리멀리 헤엄쳐 가는 것을 본다고 환각하는 시대
그러나 모두 잠이 들면
흰수염고래 무리를 몰고 돌아오는 꿈을 다큐처럼 꾸는 시

대

  아직 고래를 잡을 수 있는 세상이 아니냐며 소리까지 내며 웃는 꿈을 꾸는 시대

  아이의 벽지 그림이

  어느 날 울산 태화강 지류 반구대에 암각화로 솟아오르기도 하는 시대

  예나 지금이나

  기록에는 없는 선사시대

조어(鳥語) 학원

새의 언어를 가르치는 학원은 왜 없나
영국인들의 언어처럼 돈 내고 배울 텐데
구강구조의 차이를 극복할 만큼 발음 연습을 할 텐데
찌르륵과 치르릇의 미묘한 어감과 강약을 놓치지 않을 텐데
하아유 파인 땡큐 앤드유처럼 가벼운 안부를 묻고
그럴듯한 날갯짓을 해가며 대가리를 돌려가며
새스럽게 새답게 새들과 대화를 나눌 텐데
부전나비 애벌레와 호랑나비 애벌레 맛의 차이와
먹잇감을 발견하는 남다른 시력을 화제 삼아
자연스런 화법을 구사해볼 텐데
새로운 조어랍니다 거들먹대며
몇 마디 구사하면 입소문으로 전파를 탈 테고
조류독감 예방법 메시지를
서해안 철새도래지에 가서 직접 알리기도 할 테고
멸종된 마다가스카르 섬 마지막 도도새의 유언을 받아 적었을 텐데
새대가리 모인 국회가 가서

요란한 잡새 소리에 일침을 놓을 텐데
새의 말에 귀가 열린다면
봄날 새순 돋는 나뭇가지 사이사이 오목눈이 한 쌍
뭔 뜻인지 알지 못하는데도
가슴 한편을 콕콕 찌르는 저 소리들을 알아들을 텐데
비 오던 그날 저녁 절망을 생각하고 있었을 때
비자나무 아래서 무어라 얘기해주던
찌르레기의 속 깊은 위로를 알아들었을 텐데
고가의 특강으로만 개설한대도
새의 언어를 가르치는 학원에
제일 먼저 등록하고 싶다
말은 곧 정신이라 했는데
속성코스라면 더 좋겠다

말주머니

뒤집어진 검은 우산 같은 오동나무 그늘
그건 밑동 썩어가는 울 아버지 말주머니

햇살이 좋다며 젖은 엄마는 베란다에 아버지 주머니를 쏟아놓고 다듬는다 뚝뚝 잘린 세어버린 말마디들이 음식물 수거함과 쓰레기봉투 사이에서 잠시 우물우물, 거린다 어쩌면 아버지는 우울우울, 했는지도

가위에 눌린 동생이 호주머니에 뭉텅뭉텅 말을 숨길 때마다 식구는 어둔 저녁밥을 먹었다 끔뻑대는 형광등 아래서 엄마는 말더듬이 동생의 구멍 난 말주머니를 기웠다

그딴 거 다 헛수고라며 언니의 말주머니가 도르르 가슴에 뽕으로, 두 개로 복제된 언니가 집을 나갔다 엄마는 부질없이 손사래를 쳤지만 공갈빵으로 부푼 언니는 돌아오지 않았다 한 달에 한 번씩 비대해진 보름달에 안착한 언니가 보였다

달은 사금파리 혹은 흰 눈동자, 유년의 언어 같아서 버릇처

럼 슬쩍 내 말주머니에 집어넣곤 한다

    태생부터 큰 말주머니를 가진
    없는 게 없는 내 말주머니
    밑바닥까지 뒤집어 빨랫줄에 널면 금세 새것이다
    타고난 말주머니가 없는 엄마는 평생 옹알이만 한다

    오동나무 그늘 아래서 저녁밥을 먹는 손목들
    숟가락 대신 매달린 말주머니엔
    매듭이 없어
    먹어도 먹어도 배가 고팠다

숟가락

숟가락으로 오른 눈을 가리면
왼눈이 사라진다
은밀하게 왼쪽 자아를 파먹은 오른 눈은
2.0의 🐦를 단박에 알아본다

시력이 좋은 숟가락을 뭣에 쓰나

오목하게 뒤집힌* 나를
퍼먹는 숟가락

입속에 숟가락 하나 밀어 넣었을 뿐인데
뇌리를 스치고 거꾸로 선 음부를 지나
잠시 시계추처럼 울먹이는 나의 리비도가
검지 위에서 무게중심을 잡는 수, 숟가락이 된다

우울한 숟가락을 뭣에 쓰나

눈 좋고 우울한 숟가락으로 밥을 먹으면

바로 선 얼굴이 볼록해져서 좋다

되는 대로 볼록해진 나는
숟가락 없던 고프고 맑은 혼잣말을 떠올리며
매일 한 개의 숟가락을 버리러 숲으로 가야 한다고 생각해
볼 때도 있다

내 얼굴을 다 퍼먹은 날은
내가 퍽이나 숟가락다워져서 좋다

---

*오목하게 뒤집힌: 숟가락의 안쪽은 오목거울, 뒷면은 볼록거울임.

자전거를 타고 굴렀어

 언제부터 동공을 굴렸는지 알 수 없다
 언제부터 능숙하게 젓가락질을 하며 몸에 좋은 말과 조심스런 몸짓을 골라냈는지 모르는 것처럼

 가로등과 나무를 뭉, 뭉개는 사이……
 개와 사람 그 사이엔 이미 더 질긴 목줄이 있어 미처 보지 못한 사이 휘리릭 엉겨버렸지 상실이란 게 이렇게 겸손할 수가 목줄 밖으로 개의 눈알이 툭 떨어지고 바퀴 속으로 말려 들어간 개는 바퀴를 돌리네

 동공이 불안해하며 시계 반대방향으로 굴러간다 귓바퀴가 불쾌해지고 발을 구를 때마다 좌우 균형을 놓쳐버리고 마는, 그리고 또 놓친 건 없을까 가령, 목줄을 쥐고 있던 사람의 우울 같은 거

 맹견이 굴리는 자전거를 타고 달렸어
 몸에 나쁜 표정들과 하찮은 말들을 골라낼 땐 젓가락보다 포크가 편한 것처럼

블라디미르 쿠쉬, 로메인 레터스, 바이스 플라이어, 메타세 쿼이아, 골든 리트리버, 슬리퍼 로브스터, 조우연…… 외줄 바퀴 자국에 청명하게 나부끼는 이것들은 그저 말의 빨래들 아, 눈이 피곤해 탈피를 끝낸 빨랫줄이 초록 잔디밭으로 기어 들어가고 툭툭 아무렇게나 빨래가 널브러지고, 또 멀어진다

이제 동공을 뽑아 개에게 돌려줄 시간 길을 헤매는 우울 씨에게 목줄과 개를 돌려줄 시간 난 당분간은 두 발로 걸을 거야 언제부터 눈 없이도 보기 시작했는지 알 수 없긴 마찬가지거든

나는 양말족

 개당 팔십 원에 뒤집히는 양말이 외국으로 팔려 나간다는 말은 사실이었습니다. TV 속 얼룩말의 저 양말, 검정과 흰색의 스프라이트 무늬 양말을 세렝게티 초원의 얼룩말이 신고 있을 줄이야!

 모자를 신고 의기소침해지는 것처럼 양말을 쓰면 경건해집니다. 양말이 없었다면 죽은 자 앞에서 그토록 의젓해질 수 있었겠습니까. 그런 면에서 지하 공장에서 종일 양말을 뒤집는 엄마는 정신적 노동의 극한을 보여줍니다.

 악어가 강물을 건너는 얼룩양말 떼를 습격합니다. 악어 이빨에 구멍이 난 얼룩양말 한 짝, 뜯어진 구멍으로 그간의 고단한 족적이 쏟아집니다. 양말에 구멍이 나면 뒤집힐 명목이 사라집니다.

 골라낸 불량 양말을 쓰고 자란 나의 발은 예의 그 염치를 터득했습니다만,

인사를 나눌 때 모자를 벗듯이 내가 조심스러워지면 양말부터 뒤집어 벗는 버릇은 어쩔 수 없네요. 내 양말은 뒤집히지 않는 발바닥이고 구멍도 없이 튀어나온 숭숭한 발가락입니다. 불량품, 이 한 足이 내 양말입니다.

노르웨이 숲

쇼펜하우어의 망령이 식칼을 들고 잡아먹겠다고 대드는 날

식탁 밑으로 숨는다 언제부터 식탁 밑에 문이 있었을까
나는 문을 열고 다섯 계단을 내려가
가만가만 가방 지퍼를 열고
엄지발톱 열 개와
성기 두 개를 보았다
누가 버리고 갔는지
어수룩한 죽음의
뒤처리

숲은
가방 속에 아직 울창하고
안개 낀 가방은
은폐를 은폐하기에 최적이다

제2부

관상용

나는 나무다. 두고 보는 데 쓰이는 관상용 나무다. 그 드물다는 굳고 정한 태백산 기슭의 갈매나무로 태어났더라면 좋았겠지만 온라인 마켓에서 오만 원에 전국으로 배달된다. 오만 원 중 이만 원은 도자기 화분 값이다.

말이 좋아 관상용이지 공기정화용 나무다. 실내 미세먼지를 걸러내느라 순환계통이 부쩍 안 좋아졌다. 속은 썩어문드러져 가는데 광택제를 뿌려서 내 피부는 늘 번들번들하다. 비 오는 날에는 본능적으로 뿌리가 쑤신다.

마누라 눈치를 봐가며 나는 자연인이다, 라는 TV 프로그램을 보는 김도원 씨(54). 쌀랑쌀랑 소리를 내며 눈을 맞는 산속의 독거 남자를 보며 그는 생각한다. 분갈이 한번 없이 사람들 틈에서 엉겨온 고독의 뿌리에 대해.

백석 때문에 산으로 간 사람은 없겠지만 관상용 도자기 화분을 깨버리고 산으로 간 사람은 여럿 있을 것이다.

약국(藥國)

아픈 자가 이 나라의 일개 서민들이다.

그들은 아프지 않은 날이 없으므로 약 없이는 살 수 없다. 환절기 감기부터 근육통, 생리통부터 치통까지 약국의 약 없이는 죽은 거나 마찬가지다.

약국에서는 안 아픈 자가 지배자다.

그들은 약의 공급을 적절히 조절하면서 권력을 유지한다. 한번은 약값 인상으로 전국에서 시위가 일어났다. 언론은 약물 오남용과 금단현상으로 인한 일시적 폭동이며 공권력 강화를 연일 떠들어댔다. 금식에 들어간 고공농성자의 얼굴이 누랬다. 영양제 투입이 시급했지만, 그는 끝내 투약을 거부했다.

강원도 태백 어디에 모여 과감히 정부가 주는 약을 끊고 자연적 치유를 도모하는 무리의 소문도 들렸다. 산야초를 뜯어 약재를 만들어 팔기도 하는데, 되레 고가라 도시민에겐 언감생심이다.

눈뜨면 약을 삼킨다. 눈을 위해, 간을 위해, 먹고 살기 위해, 약발로 버티는 약국의 일개 소시민으로서 삼키고 삼키고 또 삼킨다. 부작용으로 발생하는 탈모쯤이야.

문제는 내성이다. 몸속의 어떤 슬픔이 약에 저항하는지 다량의 복용으로 끝내 생을 놓고 가버린 사람을 생각한다. 어떤 사회학자은 그들을 약자라, 사회적 약자라 기술했으나

무정부주의자, 난 그렇게 생각한다. 모두가 환상통에 끙끙대는 나라, 지금 약국은
전성기다.

만첩홍매(萬牒紅梅)*

소문 무성하던
표지도 속지도 빨간 만첩의 홍매가 출판되었다

오, 이런 뜨거운 내통!

만 장의 편지에는 가히 사무치는 문장들이 절창이다
발간되기 무섭게 베스트셀러다

고려 말 조선 개국을 두고 원수 집안이 된 사내를 사모한 여인의 연서란 추측이 있고, 결혼한 사내를 사랑한 개화기 신여성이 썼을 거라 믿기도 했다

누가 누구에게 쓴 편지인지는 정확하지 않았으나
그럴수록 붉은 연서의 구독률은 올랐다

한 첩(牒) 한 첩(牒)
붉은 염료를 먹이고
햇살 고운 날 바람에 펼쳐 말린 후

노란 비단실로 수를 놓고
총총 적어 내려갔을 활자를 생각한다

지는 꽃잎을 쓸어 모아
수만 개의 그리움을 적고 또 적어 보내고 싶은
얼굴도 마음도 말도 못하게 붉어지는
봄날 저녁

한 차례 비 오고 나면 절판이 임박하다 하니
아직 못 읽었다면 서두르는 게 좋다

마지막 장에는
끝내 연서를 받지 못하고 죽은 그가 동박새로 환생해 그제야 편지를 읽느라 만첩홍매를 찾아와 운다는 설화가 짤막하게 소개되어 있다

---

*만첩홍매: 萬疊紅梅(만 겹의 홍매화)를 萬牒紅梅(만 장의 서찰 홍매화)로 새롭게 해석해 봄.

위신

청동기시대 권력자들은 비파형 청동검을 허리에 폼 나게 차고 구리거울을 몸에 거는 것으로 위신을 세웠다 한다. 그들은 죽어서도 육중한 고인돌 밑에서 썩어가며 두고두고 위신을 지켰다.

지금 어느 단군 후손은 왼쪽 가슴에 금배지를 달기도 하고 지갑에서 손바닥만 한 증을 꺼내 보여주기도 한다. 그걸 보는 아버지를 보면 번쩍거리는 구리거울을 쳐다보던 없는 자들의 녹슨 눈빛이 상상된다. 기분이 구리다.

큰 소리를 지르고 상을 엎는 것으로 위신을 세우던 앞집 영래 아버지. 그런 게 위신입니까, 보란 듯이 영래는 벤츠를 끌고 나타나 엄마와 여동생을 태우고 갔다. 벤츠 바퀴가 기하학적 멍 자국을 남기며 가버렸다. 그러는 영래 기분도 구렸을 것이다.

위신은 무엇으로 세워지나. 비싼 장신구 하나 없는 우리 엄마나 이태석 신부 같은 사람들의 위신 세우는 방법을 생각하면 구린 기분이 환해진다.

    그럴듯한 구리거울이 내겐 없다. 세상 그 어떤 거울보다 맑은 아이들이 선생님, 하고 날 불러주니 그나마 그게 내 위신재일까. 내세울 위신이 없을 때 쓸데없이 많이 웃는다. 웃다가 문득, 아, 그래서 정치인들이 금배지를 달고도 쓸데없이 웃는 거구나. 이런, 구린!

나무의 무릎

내게는 장시(長詩)를 옮겨 적고 그 옆에 작은 그림도 그려 넣을 만한 크기의 도마가 하나 있어 분명 어느 외진 산허리에 섰던 나무의 무릎이었을 것이다.

칼질을 하기 전 무릎을 쓰다듬는 손 아래서 긴 삭풍의 입 다문 소리가 들리고 등 푸른 고등어의 허리를 절단할 때 또한 그런 소리가 들린다. 나무의 단편(斷片) 위에 어느 집짐승의 뒤꿈치를, 숨의 안을 숨의 밖에 올려놓고 다질 때는 무릎 위에 또 다른 무릎이 앉혀져 뒤척이는 소리가 나기도 한다.

도마는, 나무는 무릎을 굽히지 않았을 것이다. 썰물이 되어 밀려가는 굳은 나이테를 보면 알 수 있다. 오만한 난도질에 한 둥치 사상이 쓰러진 줄 알겠지만 그저 무릎 한 편(片)을 내어주었을 뿐

내게는 밑줄이 많은 새 공책 크기 딱 그만한, 고공의 산허리에서 투쟁시를 쓸 딱 그만한 나무의 무릎이 하나 있어 무릎을 세우면 종지뼈 검은 옹이 안에서 동고비 울음이 눈아(嫩

芽)처럼 쏟아지고 탯줄 같은 생명의 뿌리가 내릴 것 같은 사람, 세상의 등 돌린 벽과 싸우다 남은 도마 같은 무릎 한 그루가 있어

진양조 해금 산조

두 다리는 붕대에 감겨 팽팽히 조율돼 있었다
병실 침대에 누워 다리를 매달고 있는 그녀를
악기 목수는 한참 바라봤다

지하공장에 난 화재였어요
그녀의 사연을 말해주자 그는 장인다운 표정으로 고개를 끄덕였다

해금을 만들 음향목을 찾고 있다는 그는 오 년 이상 숙성된 오동나무와 밤나무로 만드는 가야금으로 이름난 무형문화재라 했다

울음을 참아온 지는 얼마나 됐습니까 그가 물었다
글쎄요, 지금껏 저는 그녀의 울음소리를 제대로 들어보지 못했습니다, 라고 난 대답해주었다

해금의 소리를 들어본 적이 있다
악사가 가늘고 긴 두 명주 줄을 활로 켤 때마다

앵, 애앵 하고 울리는 소리

악기 목수가 그녀를 해금으로 만드는 데는 몇 달이 걸렸다
얼룩을 닦아내고 옹이를 다듬고 적시고 말리기를 수회 반복하여
그녀는 공명이 좋은 울림통으로 완성되었다

예술의 전당 소극장에 앉아 나는 엄마의 울음소리를 듣는다
가냘픈 두 다리를 어루만질 때마다 심해의 수압을 견뎌온 해파리처럼 나풀나풀 다리를 흔들며 소리 내어 우신다
엄마의 진양조 해금 산조가 울린다

산조가 나를 울린다
시시때때로 우는 나를 달래느라
해금의 산조는 이제야 울고 있는 것이다

달나라 배꽃이 필 무렵

 달나라 토끼가 카톡을 보내왔다. 근래 배꽃은 만개하고 월하독작하기 여간 고독하니 그대 한걸음에 오시라. 하는 일마다 별 재미 못 보던 그가 일찍이 헐값에 산, 박토 달나라에 정착하여 볕 잘 드는 구릉마다 배를 심어 제법 이윤을 남기나보다. 특이한 지세 덕에 한 달에 한번 배꽃을 피운다니, 그게, 참, 부르는 게 달나라 땅값이란다. 20세기에 처음 달을 둘러본 후 별 볼 일 없다 생각해 그의 정착을 비웃던 미국은 지금 얼마나 배가 아플 것인가. 게다가 우후죽순 중국의 달 탐방이 잦다 하니 참 세상일은 모를 일이다.

 여하튼 그는 그러는 사이 결혼 시기를 놓쳐 홀로 한 달에 한번 배꽃 아래서 벌건 토끼눈으로 독작을 하는 모양인데, 가보지 못하는 달에는 옥상에 올라가 멀찍이 그의 허연 배밭을 건너다보곤 한다. 건너다보는 나 역시 쓸쓸하긴 마찬가지여서 옥상 가득 날아와 푹푹 쌓이는 배꽃들을 밟으며 늦밤을 지새는 것인데, 설풋 잠들었다 깬 새벽녘 서쪽을 바라보면 아, 그것은 달나라가 아닌 달, 동, 네. 달 지는 구릉마다 배꽃이 홍건한……, 그대 사는 달동네. 만월이 기울기 전, 내 오늘밤에는 술병을 들고 그대 배밭으로 가겠네. 달동네, 아니 달나라로 오르는 계단을 밟으며 왜 그리 그해 겨울 눈송이는 배꽃처럼 날렸는가 하는 발자국을 꾹꾹 남기며……, 오르는 것보다 내려가는 것에 더 저린 발목을 비탈 가로등에 기대며……

섬

이 거대한 묘목을
심는 시기와 심는 장소가 따로 없으나
강이나 산 주변같이 전망 좋은 곳에 심을수록
더 잘 자란다. 심고 나면
e-편한세상, 푸르지오, 더 #, 캐슬, 휴먼시아 식으로 명명
한다.

사람들은 나무 옆구리에 굴을 파고 기어 들어가
물관과 체관을 점령하고
맹렬히 기생한다.

학명 Insula arbor*인 이 나무가
기원전 3~4세기부터 심어졌다고 하니
고대 로마 시절부터 사람들은
섬이라는 우울한 영역에서 살아온 셈이다.

어떤 이가 또
오래된 작은 섬에서 추락했다. 그것으로 그는

격벽의 틀을 깨고
나무를 떠났다.

비를 받고
태양이 비춰도
나무는 뿌리를 내리지 않지만

더 우람한 나무를 갖고 싶은 사람들로
이 벌레 먹은 수목의 군락은 날로 늘고 있다.

---

*Insula arbor: Insula(고대 로마의 집단 주택 또는 섬) arbor(나무). 이 두 단어를 조합해 봄.

아버지

 전남 남원에는 유명한 남원식도가 있어. 기차레일만을 재료로 삼아 숯불에 달구는 전통기법을 고수한다는 이 식도는 코베기꽁치, 가스미꽁치라 불리지.

 기차의 속력으로 바닷물을 가르다 보니 주둥이 끝은 예리해지고 등은 단단해지지. 그러다 꽁치들은 칼이 되고픈 원대한 야심을 품는다는구먼. 보름달이 뜨는 밤, 그물에 걸린 몇 안 되는 꽁치만이 장인의 손에 선별되어 진짜 칼이 된다고 하네.

 좌판에서 대가리가 잘리고 마는 꽁치도 있긴 해. 사람들은 이 꽁치들을 추도어(秋刀魚)라고 불러 위로한다네.

 벌이를 잃고, 꽁치구이 집에서 칼이 되었다는 꽁치의 꿈을 듣는다. 주둥이 끝은 둔해지고 눈물로 간이 밴 눈알이 자꾸 흐려지는 나는 이제 막 숯불에 구워져 은박지에서 벗겨진 추도어인지 모른다.

소주 한 잔을 넘긴다. 남원식도가 저 닮은 놈의 대가리를 자르고 내장을 발려내고 있다. 빨갛게 녹슨, 잘린 대가리의 눈알이 칼등에 새겨진 시퍼런 파도 문신을 쳐다보고 있다.

어떤 꿈은 너무 차갑고 낯설다.

선비 김뢰진

정월 보름 밑, 물어물어 경북 영주 선비촌에 사는 김뢰진을 찾아갔다 초가지붕 밑에 구멍이 숭숭한 까치구멍집*에서 그가 버선발로 나와 잡목 사립을 열어주었다

어림 보니 열일곱 평 그의 누옥이 내가 살던 주공아파트와 엇비슷할뿐더러 좁은 부엌이며 간곤한 세간들이 내 집에 온 듯 선비 김뢰진이 친근하였다

안동 도산서당에 들러 나오는 길에 사온 안동소주를 그와 나누었다 선비 김뢰진은 퇴계 선생의 고고한 성리의 도(道)를 안주 삼아 잔을 받았다

북풍에 흔들리는 마른 갈잎의 소리는 문풍지에 묵빛으로 번지는 구름 그림자를 끌고 가고 나는 교교한 달빛을 안주 삼아 잔을 비웠다

나는 사뭇 속이 짠한 것인데, 얼음장 같은 방고래에 앉아 빈속을 술로 채우고 있는 19세기 가난한 만학도 김뢰진과 귀

퉁이가 닳아빠진 그의 서책들과 등잔 밑에서 삯바느질을 하다 졸고 있는 그의 아내와 잦은 기침으로 잠을 뒤척이는 어린 것들, 그리고 지척의 인동장씨 대가 솟을대문 밖으로 풍겨오는 기름진 냄새 이 모두가 짠했다

그의 눈 덮인 장독에는 빈 항아리가 많을 것이다

그는 내 사는 세상은 어떠냐고 물었다 이(理)도 기(氣)도 따지지 않는 21세기에도 그대처럼 빈 독을 가진 자가 적지 않다는 대답 대신 그의 잔에 술을 채웠다

새해에는 까치가 반가운 소식을 물고 김뇌진의 까치구멍집을 찾아오길 축원하며 술잔의 만월을 비우고 또 비우며 밤을 지샜다

---

*까치구멍집: 벽면에 둥근 구멍을 뚫은 집. 강원도와 경상북도 산간지역에 분포하는 서민 가옥.

생이기정*

아파트는 복도식인데 한 눈을 감고 1층부터 15층까지 몇 발짝 안 되는 베란다 난간을 쭈욱 세며 올라가면 한 동에 90세대가 매달려 있었다. 벼랑에 매달려 있었다.

제비들이 산다는 해안 절벽의 구멍들. 새끼를 낳고부터 더 덥거나 더 추울 것 같은 집. 푹푹 찌는 여름에도 에어컨 실외기가 걸리는 구멍은 손에 꼽았다. 공휴일이 아닌데 대낮에 뒷산 오르는 아비들이 많던 곳

연신 먹이를 나르는 아비와 어미들. 제비새끼들의 입은 닫힐 줄을 몰랐다. 커지는 새끼들이 두려운 가난한 새들이 밤마다 끼욱끼욱 우는 소리를 냈지만 층간소음으로 시비 거는 일은 없었다. 가끔 바다로 추락하는 새의 소문이 돌면 복도는 오래 적막했다.

거실 없는 벼랑 구멍집이 재건축 된다는 풍문에 해 긴 저녁에 모여 막걸리를 마시고 모처럼 새 장난감을 쥐고 잠든 아이 옆에서 부부는 사랑을 나누기도 했다. 그러나 소문은 소문으

로만 돈 지 벌써 이십 년도 넘었다.

 노동운동하던 집주인에게 보증금도 다 못 받고 나왔던 곳. 그때 노란 입을 철없이 벌리기만 하던 딸아이의 유치원 친구들도 어디 가서 빨갱이 소리 들으면서 알바를 하고 있으려나. 딱 구멍만큼만 자란 새들, 구겨진 날갯죽지를 펴고 벼랑으로 날아간다.

---

* '벼랑에 사는 새'라는 제주 방언.

빗살무늬토기

공사장 막노동 조 씨네 식구들이
우묵한 얼굴을 밥그릇으로 푹푹 꽂아놓고 저녁을 먹는다

장마철,
남자는 공친 하루를 밥그릇 바깥에 또 한 줄 새긴다
／／／／／ ＼＼＼＼＼ ／
뿔 달린 검은 물소를 잡아오던 남편의 전성기가 빗물에 시궁창으로 쓸려가는 걸 보는 여자의 턱은 자꾸 뾰족해져 더 깊게 밥상에 박힌다

타버린 까만 쌀알을 뱉어내던 아들이
가끔 물에 잠긴 머리맡으로 헤엄치는 아귀가 꿈에 나와요라고 하자, 여자는 좁고 깊숙한 아들의 목구멍에 박힌 식탐의 가시를 뽑아낸다

빗물이 양철 처마를 탕탕 때리다 멈추다 또 탕탕대는 저녁
주룩주룩 슬픈 무늬의 얼굴들이
축축한 밥상에서 빗살무늬토기로 단단하게 구워지는 동안

토기 안으로 빗물이 가득 고인다

잠든 아들의 토기를 당신의 안으로 포개는
금 간 유물,
아버지
쓰러지지 않으려 더 단단히 박혔을 뿐

이제 민무늬 철제 밥그릇으로 저녁을 먹는 나
탕탕 양철 처마를 때리는 빗소리를
가끔 습관처럼 폭식한다
비에 젖으면 보이는 무늬가
내 밥그릇에 있다

나무

  물구나무선 집념의 자세라 한다
  태어날 때부터 몸에 밴 구도의 자세
  천공을 향해 스스럼없이 가랑이를 벌리고 선 도발의 구도자

  그도 가끔은 잡념을 버리려 흐드득 잎을 털어낸 후 모래시계처럼 위아래 자세를 바꿔 섰을 법한 가지와 뿌리의 구분이 불가능한 아니, 혼연일체 되고도 남을
  득도의 깊이에 온몸이 박힌

  산을 오르는 많은 이들이 길을 멈추고 잠시 그를 올려다보는 것은 그의 굽은 등줄기가 너무도 깊이 땅에 박혀 있기 때문이다 그의 어깨가 너무도 완강히 하늘을 버티고 있기 때문이다
  땅에 얼굴을 묻고 땅속 그 너머의 어둠을 읽은 자,
  발끝을 세워 공중을 걸어 허공의 허무를 읽은 자,
  나무이기 때문이다

서서 죽은 강대나무 서너 그루
천장(天葬)을 치룬 듯 검은 옹이눈의 까마귀가 그의 어깨에
앉아 있다

그가 얻은 깨달음은 하늘의 높은 말씀도
바람의 유서(由緒) 깊은 시문도 아닌
오롯이 생의 궤적을 담은 검푸른 그림자 한 둥치라 한다

플랫이 붙은 어느 노동자의 악보

 그의 악보엔 불협화음이 끊이지 않았다
 명쾌하게 그를 연주해줄 바이올린 같은 여자도, 스타카토로 패배를 튕겨줄 아이도 없이 그는 지금 공사장 옆 전주콩나물국밥집에 혼자 앉아 저녁을 먹고 있다

 뚝배기에 악보를 구겨 넣고 휘휘 젓는다 엉긴 노란 음표들이 고음으로 끓다가 반음으로 가라앉는다. 좌로 좌로 반음씩 내려가다 보면 불 꺼진 그의 반지하 빈방이 나온다

 기울어진 그의 음계는 단조롭기 짝이 없다 단조롭다는 것, 그 음울한 G단조의 반복 낡은 현악기처럼 구부러진 어깨 너머로 소주 한 병이 반주되고 있다

 대가리가 두 쪽 난 사분음표 두어 개
 얼마 전 추락한 십년지기는 덥다고 안전모를 쓰지 않았다

 사는 데에는 따로 주법이 없다는 위안으로 막잔을 비운다 그는 조금 알레그로해진다 변박으로 피날레를 연주하며 콩나

물국밥집을 나가는 콘트라베이스 손가락 현에서 담배연기가 낮고 긴 음으로 흘러나오고 있다

시

 구름뭉치에서 비라는 투명한 실을 뽑아 레인코트 짜는 일을 생각한다 가령 장마철에는 몇 날 며칠을 씨실의 그리움과 날실의 슬픔이 엮이나 생각한다

 비 오는 시절엔 우산을 써도 젖어 우는 야윈 어깨가 있어 레인코트의 치수는 넉넉하게 마르는 것이 좋겠고, 수천 가닥의 빗물 속에 간혹 나는 당신의 눈물 한 가닥을 무심코 엮겠지만 그것은 당신의 실마리, 화창한 날 풀어 햇살에 말리는 것이 좋겠다

 당신 눈동자 닮은 몇 송이 짙어진 망초를 수놓는 저녁이 있겠고, 내일 날씨가 갠다면 아직 덜 마른 달맞이꽃을 따다가 새벽 달빛을 물들일 수도 있겠다

 결국 당신과 내가 기단으로 비를 뿌리는 몇 날 며칠
 내가 하는 일이라곤 그저 비라는 실로 당신의 레인코트를 짜는 일

옆구리의 솔기를 장대비로 깊게 짓고 곱솔로 무릎을 가랑비에 적시는 일 모두 연모에서 비롯된 일이지만

비로 짠 레인코트를 입고 돌아온 당신은
언제나 비에 젖어 있다

외떡잎

어쨌거나 '외'가 붙지 않았나
외로운 떡잎이다
그래서 꼭
꼬옥 끌어안았던 몸을 풀듯이
저렇게 가만가만 여러 날
웅크렸던 제 한 몸 펴는 것이겠다
미련 없이 남남처럼
마주 나는 쌍떡잎 같진 않지

바람 부는 날
서로를 부둥켜안은 청보리들이
짠 바다 물결로 울렁이는 것도
비 내리는 날
후두두 옥수수밭에서 들리는
수수로이 울음을 삼키는 소리도
모두 다
태생적으로 외로운 탓

남편과 헤어지고
아들 하나 키우고 있다는 동창 미영이
엄마 없이 자란 그녀가
텃밭에 공벌레처럼 웅크리고 앉아
외떡잎 하나 크게 밀어올리고 있다

고래가 숨을 쉴 때

도요새들이
밀물이 드는 자갈돌에 서서
젖은 깃털을 말리고 있다
자갈은 들키고 싶지 않아
도요새의 깃털 색을 흉내 냈다
감쪽같이 바다가
하늘의 빛깔과 주름을 흉내 냈듯이
슬픔이 저녁노을 속에
딱 그런 색깔로 숨어 지내듯이
숨어 있기 위해
무장다리 꽃은
배추흰나비 날개를 하고
바람에 흔들리고 있는 것이다
흔들리는 마음들이 또
바람을 따라 하는 것이다
그러나 내밀한 보호색은 견고하지 못해
너무도 쉽게
포식자의 먹이가 되고 만다

아주 미세하게 슬퍼했을 뿐인 고동의 슬픔을
도요새에게 내주고 마는
갯벌 같은 어설픈 보호색
내 안의 어둠은
저 많은 밤 속에
얼마나 오래 숨을 수 있을까
고래가 숨을 쉴 때, 그때
푸른 바다의 하얀 슬픔이 보이는 것처럼
그런 순간들 앞에서
들키고 마는 것들을

시의 수사법

빌딩 계단을 쓸고
공중 변기를 닦았던 수세미 그녀

시를 쓸 때 사람이 아닌 것을 사람처럼 써보라고
어느 시인이 비유를 가르쳐줬지만

저기 지하도에서
수십 년 묵나물을 팔고 있는
늙은 자루 할머니는
늙은 자루인지 할머니인지
책가방 대신 피자를 매달고 달리는
오토바이 청년은
오토바이인지 청년인지

사람이 사람이 아닌 무엇 그 자체일 땐
뭐라 시를 써야 되나
구멍 숭숭 난
수세미 엄마를 뭐라 써야 하나

제3부

밥

오랜 시간 절필한 시인이
봄날 조팝나무 밥을 먹고 다시 시를 썼다는 이야기는
믿기 힘들다

요즘 같은 시절에 어느 초등학교 여교사가
이팝나무 꽃을 털어 흰떡을 빚어
교실 아이들을 나누어 먹였다는 얘기는 차라리 난센스다

실직한 가장이
해거름 무거운 발걸음으로 돌아왔을 때
박태기나무를 털어 붉은 저녁밥을 한상 차려놓았다는
어느 아내의 이야기도 그렇다

방바닥에 떨어진 하얀 실밥 한 올을 주워
손바닥에 올려놓고 한참을 본다
뜸을 들이듯 한참을 본다
세상에 이토록 마음을 배불리는 밥들
밥그릇처럼 두 손으로 받는다

이녁

이녁이란 말이 참 좋다

이녁―, 하고
그를 부르면 그도 나도
저녁, 노을 진 어디쯤으로 끌려가
나란히 붉어지는 것만 같다

이녁―, 하고
나를 부른다면
그녁의 큰 손에 나의 전부가
넉넉히 감싸지는 일
이녁은 그와 나 사이에
두세 개의 징검다리만큼의
겨를이 있으면서도
언제든 건너가
허물없이 안기는 그런 말이다

이녁이란 곳은 참 아늑하다

노란 가로등이 비낀
바로 그 담벼락 같기도 하고
뜨듯한 김이 지붕 위에 풀어지는 집
동그란 밥상에 둘러앉아
수제비를 떠먹던 아랫목은
가난하고 낮은 이들의 이녁일 것
찾아가면 선뜻
밥상 한자리를 비우며
숟가락을 얹어주는

이녁이라는―,
그 멀고도 가까운 말

엄마

 윤동주를 하늘과 바람과 별로 기억하지 북간도 요리로 기억하는 사람은 없다 여름 별미로 즐겼다던 맥적구이열무비빔밥으로 세종대왕을 떠올리는 사람이 있을 리 만무다

 그런데 나는 음식으로 오롯이 한 사람을 기억하곤 한다

 닭발집을 지날 때면 첫 키스의 남자가 떠오른다 헤어졌지만 그 남자는 형이하학적 사랑의 매운맛을 강렬히 알려주었다 나만 보면, 내 얼굴 버짐만 보면 밥은 먹었니 묻던 여선생님은 방과 후에 나를 불러 삼양라면을 끓여주었다 지금도 삼양라면 스프 봉지를 열면 그녀의 파마머리 냄새가 나면서 이름 세 글자가 또렷이 떠오른다

 우리 엄마로 말하자면, 엄마는 약밥이고 김치만두고 녹두전이다 계절에 맞는 음식으로 둔갑시킬 수도 있다 봄에는 냉이죽이 되었다가 가을엔 깨꽃튀김이 되었다가 겨울에는 동치미가 된다 고교 유학 시절 자취방 문 앞에 "닥 티겨 와따 마시게 먹어라"라는 쪽지를 놓고 가셨던 닭튀김의 젊은 나의 엄마

된장은 직장 생활을 하는 나로서는 도저히 못 만들 음식이다 일 년 열두 달 엄마 된장으로 사는 내가 문득문득 언젠가 다시는 맛볼 수 없는 된장을 생각하면, 밥상에서 허구한 날 목이 메일 걸 생각하면 내게 엄마는

이사

겨우내 그려낸 천장 곰팡이 구름 아래로
그늘 없이 날아가는
어린 딸애의 비행기 벽화는 그냥 두고 간다

죽자고 올라서던 베란다 난간 위에 뜨던 달
그건 어차피 이 집에 들어올 때부터 있던 거다
부엌과 화장실의 근접, 강장동물처럼
구토와 배설을 식음과 혼동했던 버릇은
잘 묶어 문가에 내논다
밤마다 여자의 얼굴에 푸른 절망을 새기던
304호 남자의 망치는 돌려주었나
짐을 다 싸고
306호의 늙은 여자가 준 무장아찌에
짜장면을 시켜 먹었다
아들이 다녀간 날
신발장에 남은 숨을 매단 그녀를
빈 그릇째 태우고 간다

그렇게 떠난다, 그런데도
미어질 듯 용달은 흔들리고

집은 부동산이 아니다

철통 밥그릇

선생질하는 난
깨지지 않는 철통 밥그릇을 가졌다나

깨지지 않는
스테인리스 철통 밥그릇을 쥐고
남은 밥 박박 긁어먹다가

보았네,
밥그릇 안에 다닥다닥 모여앉아 올려다보는
말간 밥풀 눈망울들

아,
나의 밥들아!
보시바라밀! 보시바라밀!

낙원寺

　요즘 도시에선 파마 기술도 진보하여
　지젤펌, 롤링펌, 볼륨매직펌 다양하지만
　엄정면 버스정류장 맞은편 낙원미장원에는 신기술이 필요 없다

　자네 아들 각시도 곧 생길 것이여
　외국 매느리 대신 아 보느라 욕보는구먼
　사는 게 다 그렇게 뽀글대고 엉키는 법이지
　원색적 여인이 긴 머리칼을 휘날리며 돌아가거나 말거나
　거울 앞 울긋불긋 수건을 두른 할머니들이
　꽃송이처럼 터져 펌약 냄새 물씬 풍기는
　부처의 머리들

　낙원미장원에는
　불두화로 피는 할머니들의 꽃펌스타일 한 가지밖에 없다

전봇대

 콩새가 다 앉았다 갔다, 야
 이때 울 엄니, 손바닥을 맞붙여 너 콩새 알지, 이만한 거 하신다

 까치도 앉았다 갔고

 참새들도 한참 지들끼리 떠들다가

 서울 상계동 골목
 다닥다닥 빌라들 사이
 전봇대 한 그루에
 앉았다 가는 새들이
 그나마 대견하고 여간 반가운 게 아니라고
 현관에 서서 어머니
 동구나무 바라보듯 전봇대 올려다보신다

 몇 달 전
 전봇대에 새처럼 앉아 있다 병원에 실려 간

젊은 한전 직원 얘기 끝에
콩새처럼 어머니,
먼 데를 쳐다보며 가슴을 문지르신다

오늘은
이름을 모르는
새들이 앉아 울고 있는
전봇대 마른 가지를 본다

옹기들

한증막에 옹기처럼 앉아 있는
잘 구워진 그녀들

한 덩어리의 날렵한 반죽이었을 그녀들은
물레의 원심력에 의해 조금씩
삶의 바깥으로 처지고 불어나
배흘림의 장경(莊敬)한 양식을 이루었다

생의 온도가 임계에 다다른 불가마
별다른 소란 없이
숨구멍으로 호흡하는 법을 터득한 그녀들은
서로의 안부를 묻지 않는다, 다만
손등의 균열과 표정의 농담(濃淡)으로
무엇을 담고 살았는지
몇 번 내동댕이쳐졌었는지 짐작할 뿐

젖무덤은
그 무엇도 묻혀 있지 않은 듯 예사롭고

이끼 어두운 밑이 벌어져도
기밀한 내부의 이야기에 흘깃거리지 않는 것으로 보아
번쩍 들어 그녀들을 엎어 본다면
부패와 변질을 모르는
입과 귀의 발효식품들이 쏟아질 것이다

한쪽 유방을 잃은 여자
옹기의 중심은 기울지 않았다
깨진 옹기 화분에 심긴 곧은 꽃대처럼
그녀는 더 발갛게 피고 있다

지층

절망이
절벽을 마주했을 때
무릎 꿇고
펼쳐보는
시집 한 권

누가 끼워놓았는지
사랑과
사람의 詩 사이에서
나리꽃이
고개를 내밀고 있다

그 붉은 말을
다 읽고
절망은
시집을 덮고
절벽을 떠났다

꽃값

생전에 그림 한 점 겨우 팔았다는
고흐의 〈붓꽃〉이 얼마인지 아는가

565억 5천만 원이란다

그림 속
저 미친 듯 생동하는 붓꽃을 보라
치열하게 살고자 했던
그의 고독사에 대한 값 치고는

헐값이다

강대나무

나의 늙은 어머니
뿌리가 되어가는 중이시다
첫 월급 타서 끼워드린 은가락지가
약지에서 중지로 옮겨간 지 오래
다산초당 오르는 뿌리의 길
딱 그 소나무 뿌리들 같은
손과 발

그녀의 귀, 느릅나무 새순 같았을까
흔들리던 수만의 잎사귀들 아래
바람이 머물던 그녀 옆구리의 그늘을 기억한다
장경 같던 발목에서 마른 흙냄새가 난다
이제 가늘고 가는 뿌리가 되어가는 중이다
몸의 골짜기를 겨울 산처럼 다 드러내는 중이시다

비 내리는 날이면
밖의 슬픔들을 뿌리는
천천히 안으로 젖어 울었을 것이고

낙과의 상실을 흙으로 덮어 삭였을 것이다
근심 없는 날 없었으나
근심(根心)으로 살아왔을 어머니

하늘로 뿌리 한 몸만 남기는
강대나무 돼 가신다

발목

오거리 횡단보도 옆에서 밥상장수가 밥상을 팔고 있다
개다리소반부터 교자상, 고족상, 두리반까지
짧고 굵은 상다리부터 길고 매끈한 상다리가
가로수 아래 꼿꼿이 중심을 잡고 섰다
식탁에게 쫓겨나 길거리에 나앉은 발목들

어둑한 저녁 밥상
자근자근 말대거리가 물이 오르면
어김없이 밥상부터 날아갔던 가난한 시절
찰과상으로 버틴 뚝뚝한 밥상 발목을 닦아 세우며
눈물 홍건한 소반다듬이를 하던 어머니들
가슴속 벌레 먹은 콩을 밤새 골라냈는지 모른다

요기 때가 되면
접었던 발목을 차례로 잡아 펴고
밥그릇 대신 책을 펴고 앉던 발목들은
밥상머리들이 비대해져 예의 겸양해지던 때가 있었다
화롯불 같던 둥근 온기가 사라진 식탁 아래

발목은 굽힐 줄 모르는
버릇의 부재

바닥으로부터 가깝고도 낮은
소반 한상 차림
상다리가 부러져라 잡아당겨
다시금 발목에 힘주어 보고 싶다

멸치들

고래만 한 덩치로 몰려다니면
안 들킬 줄 알았니

고래만 한
고……
독……!

사랑

18개월밖에 살지 못하는 갑오징어들은 일생에 단 한 번 사랑을 나누고
산란 후 함께 죽는다

목숨을 건 사랑을 하기에
우리들 외로움의 수명은 너무 길다

면목동 반지하

밀린 세를 받으러 갔네
반지하 셋방이
잠수정처럼 어둠에 반쯤 잠겨 있었고
길바닥이 턱밑까지 차올라 있었네
문창살에 매달린 불빛이
제 몸을 채 썰어 도주를 하고 있는 사이
믹스커피 냄새가
천장을 향해 자라난 곰팡이 냄새와
난처하게 섞이고 있었네
반지하 수압에 가자미처럼 납작해진 사람들
일자리를 잃고
더 깊이 모래 속으로 박히고 있는 남자
건조대에 널린 아이들에게서
마른 미역 냄새가 났다
이거 정말
면목 없습니다
면목 없는 남자는
되돌아가는 주인여자를 향해

찬 파도를 맞으며
오래 문을 열고 서 있었다
여자가 올라가는 계단을 비추던
불빛을 거두고 문이 닫혔을 때
출렁
잠시 잠수정이 수면 위로 부상했다
가라앉았다

껌 씹는 염소

껌을 씹다가 뺨을 맞아본 사람은 안다
번쩍, 섬광으로 빛나는
외로움의 발화점을

사각의 하악 구조를 한 사람들의 밑바닥에는
쓸쓸이라는 씹던 껌이
쩌억, 눌어붙어 있음도 안다

풀밭의 검은 염소가 몇 시간째 껌을 씹고 있다
반추동물처럼
고독의 고삐에 묶여서
너 역시 몇 시간째 땡볕 아래서 우물거리고 있지

사는 게 이렇게 질기다네, 질겅
슬퍼서 건방져진 표정을 후려 맞아도
멈추지 말아요, 질겅

염소가 입을 오므려 풍선을 분다

팽팽히 긴장한 풍선이 퍽 하고 터졌을 때
너는 그만 어두운 표정을 들키고 만다
들켜버린 표정은 함부로 뱉어선 안 되지

상처는 오래 씹어서는 안 되고
잘 싸서 버릴 것

질겅!

모자라거나 넘치거나

다리가 두 개 더 많아서
난 곤충이 아니래
어이없어하는
거미를 보며

나는 뭐가 더 많아서
사람이 아닐 수도 있겠다 싶다

아니면 뭐가 좀 부족해서
사람이 못될 수도 있겠구

해설

검은 우울과 바느질의 수사(修辭)

신종호 시인

1. 뜨거운 내통

세계가 의지를 통해 재편될 수 없다는 인식에 이르렀을 때, 삶은 분열의 조짐을 보일 수밖에 없다. 근대란, 그러한 분열이 임계에 달한 지점이며, 채워질 수 없는 정체불명의 결핍들이 회복과 통합의 전망조차 지워버린 암울의 시작점이다. 창공의 별을 보고 가야 할 곳을 알아냈던 우아(優雅)의 시절은 사라졌고, 숭고의 길을 인도했던 실존의 이정표는 생존이라는 무덤에 매장됐다. 살고 있지만 살고 있는 것 같지 않는 삶의 환영(幻影)과 '왜?'라는 도발적 물음보다 '어떻게?'라는 타협의 물음에 의탁해야 하는 궁핍의 현실에서 시인은 어떤 표정을 지어야 하는 것일까? 자유를 향한 의지보다 운명을 탓하며 체념으로 일상을 살아가는 개인들의 무력(無力)과 모든 관계를 돈으로 치환하는 냉혈한 자본의 논리 앞에서 시는 정신의 무기가 될 수 있을 것인가? 이런 질문은 낡고 진부하다. 그러나 늘 물어볼 수밖에 없다. 어떤 시인들은 그 물음에 대해 진지하게 탐구하고, 아프게 대답하기 때문이다. 조우연 시인이 그렇다. "귀신고래 같은 그 슬픈 아내가 어둡고 차가운 심해를 헤맨 남편의 낮은 휘파람 소리를 밤새도록 듣는 시대"(「반구대암각화」)의 암울을 향해 "자, 대들어라/피골이 상접한 갈비뼈 두 가락을 빼들고!"(「폭우반점」)라고 외치는 시인의 목소리에서 나는 심해처럼 깊은 상처와 뼈처럼 강한 어떤 결기를 느낀다. 시인의 결기는 당위(當爲)에 입각한 의지의 표출이라기보다는 우울과 냉소를 씨실과 날실로 삼아 직조한 자화상에 드리운 표정, 시인이 "오, 이런 뜨거운 내통!"(「만첩홍매(萬艓紅梅)」)이라고 표현한 것처럼, 내면의 감정들이 내통하면서 발산하는 '뜨거움'의 표출이라 할 수 있다. 시와 삶이 만나는 현실은 뜨겁고 아플 수밖에 없다. 그 아픔을 꿰매는 것이 시의 운명이라는 것을 직감하기에, 시인은 바느질처럼 촘촘한 수사(修辭)의 땀으로 자신과 가족과 이웃의 상처를 동여매고 꿰맨다. 그 바느질의 흔적이 바로 「폭우반점」이다.

2. 수사적 전략

당위성만 앞세우는 결기는 부담스럽다. 당위의 논리가 계몽의 옷을 입고 독자들에게 무언(無言)의 압력을 행사할 때,

시가 지녀야 할 긴장과 공감의 미덕은 사라진다. 그런 시들은 괜한 반감을 산다. 조우연 시인의 첫 시집 『폭우반점』에 실린 시편들은 그런 염려로부터 충분히 벗어나 있다. 시인은 "자본주의 바다에서 집채만 한 고래를 잡아 동굴 밖으로 나가보려 고전하는 시대"(「반구대암각화」)를 힘겹게 살아내고 있는 개인(나), 가족, 이웃들의 아픔을 냉소와 우울이라는 두 겹의 수사로 세밀하고 집요하게 해부함으로써 자본주의가 어떻게 자신과 가족 그리고 주변의 삶 전부를 조용히 갉아대고 있는지를 보여준다. 자본주의의 폐해를 지적하는 주제는 일견 새로움이 없어 보인다. 현대시가 다룬 주제의 범위가 광범위하기 때문이다. 그래서 주제의 새로움이란 거의 없다 해도 무방할 것이다. 현대시의 새로움이란, 시어의 디테일과 진술의 확장성에 의해 발견된다. 조우연 시인의 시가 지닌 새로움은 내용보다는 수사의 횡단력과 디테일(detail)에 있다. 이를테면,

말발굽 하나 단 저 문을 말이라 할 수 있다

문은 어제 저녁 초원을 달려 겁먹은 양떼를 몰고 왔을지도, 고립된 자세로 보아 붉은 두건을 쓰고 야간 경마장 5번 트랙을 돌며 밤새 라흐마니노프를 울렸을지도 모른다

세워놓은 관 뚜껑 같은 문을 말의 긴 얼굴과
나머지 세 발목과
뭉개진 불안을 짊어진 등허리 어디쯤이라고 할 수도 있다
발목 하나로 앓는 환상통
앞발 하나를 들고 꽉 닫힌 말은 고독이 얼마나 아픈지 바닥 깊이 박혀 있다

냉장고 문에는 말발굽이 없다
차갑고 음울한 말의 얼굴뿐이다
주력을 상실한 말은 밤마다 속을 썩이며 웅웅 우는 소리를 낸다

철물점에서 노루발은 말발굽보다 네 배 싸다

가스검침원에 의해 발견된 옆집 남자의 긴 침묵
열린 문으로 실려 나가는 그의 발목이 다 썩어 있다
그는 얼마나 말을 하고 싶었을까

문 안에서도
문 밖에서도 고독한 말들
                              ―「문의 말」부분

'문'과 '말'이라는 시어가 문맥을 따라 조밀하게 변주되어가는 속도에 의해 의미의 폭이 여러 층위로 다양하게 확장되는 것을 보게 된다. 노루발이 달린 현관문을 보고 "말발굽 하나 단 저 문을 말이라 할 수 있다"라는 전제로 시작된 시 「문의 말」은 '말발굽 하나', '관 뚜껑 같은 문', '발목', '노루발'이라는 이미지들의 중첩과 '고립', '불안', '침묵', '음울', '고독' 등의 정조가 연쇄·누적되면서 달릴 수 없는 말(馬)의 환상통과 '옆집의 남자'의 고독사라는 비극적 사건이 극화된다. 세 발목이 잘린 말의 운명과 두 발목이 다 썩을 때까지 아무에게도 발견되지 않은 옆집 남자의 죽음은 자본주의의 병적 징후와 일상화된 비극적 운명을 짙게 표상한다. 시인은 그러한 징후를 '문'과 '말'의 의미론적 변주를 통해 보여줌으로써 비극성의 폭을 확대·심화한다. '문'과 '말'의 의미론적 변주는 환유적 수사, 즉 의미의 인접성에 의해 진행된다. 인접성에 의한 의식의 질주는 '말[馬]'과 '말[言]'의 의미적 간격을 좁혀 그 차이를 느끼지 못하게 만든다. 문(門)을 '말'이라고 규정/선언하는 순간 문(門)은 문(文)의 영역을 포섭하고, '말[馬]'은 '말[言]'의 영역을 포섭하면서 달릴 수 없는 말[馬]과 발화될 수 없는 말[言]의 운명을 등가시킨다. 조우연 시인의 이러한 전략은 '말발굽'이 있는 것과 없는 것, 즉 생명과 비생명의 계열로 세계의 영역을 분할한다. '노루발'은 고착되고 물화(物貨)된 억압의 세계를, '말발굽'은 유동(流動)하고 생명화된 자유의 세계를 상징한다. 하여, 이 세계의 실상은 '말[馬]'과 '말[言]' 들이 고착되고 썩어가는, 생명의 존엄이 훼손되고 주체들이 고독사를 당하는 쓸쓸한 장소일 뿐이라는 것을 확인시킨다.

「문의 말」에서 살펴본 수사적 전략은 「컵 씨」, 「파트리크 쥐스킨트」, 「조우연 아재비」, 「마르코 폴로」, 「반구대암각화」, 「접시」, 「말주머니」 등 시집 1부에 실린 시편에 집중적으로 드러나고 있으며, 2부와 3부의 시편들에도 적절히 활용된다. 그러한 전략은 음성적 인접을 통한 시어들의 병렬, 형태적 인접을 통한 이미지들의 배치, 중심 모티브의 반복 등으로 구사된다. 대표적인 예가 "파트리크 쥐스킨트, 파트리크 쥐똥나무, 파트린 쥐똥나무, 빠뜨린 쥐구멍, 그 속의 쥐똥쥐똥, 깊이, 깊이, 기피…… 도주하는 쥐의 까만 눈알들. 우물우물 우울우울 읊조리면서,"(「파트리크 쥐스킨트」)라는 표현인데, '파트리크→파트린→빠뜨린'으로의 전이와 '깊이→깊이→기피'로의 전이에 드러난 음성적 인접과 반복이 '깊이'를 상실한 주체들의 정신적 혼란의 정도가 심화하는 것을 볼 수 있다. 또한 '쥐똥'의 반복이 '도주하는 쥐의 까만 눈알들'과 중첩되면서 '쥐'로 격하(格下)되고 의인화된 주체들의 허약과 수동성이 극대화되고 있다. 아울러 '기피'와 '도주'로 특징화된 현대인의 모습을 '쥐구멍'에 빠진 쥐의 처지로 치환하면서 그들의 정신적 징후를 '우울'의 정서로 드러내는데, '우울'을 '우물우물'과 인접시킴으로써 그 의미가 보다 입체화되고 있다. 이로써 우울은 어찌할 바 몰라 '우물'대는 정신과 행동이자, '우물'처럼 깊은 병적 징후라는 것을 동시에 함축하면서 모종의 질감을 갖게 된다. 우울에 질감을 부여하는 시인의 수사는 단순한 기교의 산물이 아니다. 그것은 사유의 집요함에서 발현된 것이다. 사유가 없는 수사적 기교는 자칫하면 말장난처럼 보일 수 있지만, "악어가 강물을 건너는 얼룩양말 떼를 습격합니다. 악어 이빨에 구멍이 난 얼룩양말 한 짝, 뜯어진 구멍으로 그간의 고단한 족적이 쏟아집니다."(「나는 양말족」)라는 표현처럼 인접성의 연쇄를 통해 의미를 증폭해나가기 때문에 시인의 환유적 수사는 탄력과 깊이를 지닌다. 이러한 수사적 전략은 조우연 시인의 고유한 특성이라 할 수 있으며, 이번 시집에 실린 시들의 의미를 확대하는 것은 물론 정념(情念)의 상태에 입체감을 부여하는 시적 장치로 기능한다.

3. 검은 우울의 자화상

시집 『폭우반점』에 실린 시편들의 기저(基底)는 우울이라는 씨실과 냉소라는 날실로 짠 직물(織物)에 운명과 자유, 필연과 우연, 원본과 표절, 주연과 조연 등 상반된 두 계열의 의미 조각을 덧대고 꿰맨 패치워크(patchwork)의 형태를 보이는 바, 그러한 구조가 '자화상'이라는 틀로 구축되면서 시인의 경험과 사유가 다양한 의미로 변주된다는 것이 이번 시집에 실린 시편들의 주요 특징이다. 경험의 조각들을 자유롭게 연결/배치하는 패치워크 형식의 자화상은 자신(실존)을 둘러싼 관계(가족, 이웃, 사회)에서 파생되고 누적된 다양한 정념들을 하나의 틀에 담아내는 공간, 즉 '경험과 사유의 그릇'으로 비유·정의할 수 있다.

> 제목이 조우연이었다. 태어난 지 석 달이 넘고서야 조부는 그렇게 제목을 지었다. 다 쓰고 난 뒤 제목을 다는 시처럼 진짜 제목이 아닐 수도 있다. 어린 시절 조연들의 비중이 너무 컸다. 특히 아빠와 엄마의 활약이 컸다. 비 내리는 밤 담배연기 자욱한 미장센. 첫 장부터 막장이었다. 자주 엎어지는 밥상과 텔레비전, 전화기 등 소품 소모가 엄청났다. 그 와중에 나는 공부 잘하는 모범생 역이었다. 연기력이 날로 늘었다. …(중략)… 주변을 훔쳐보면 제목에 상관없이 막장이거나 지루했다. 별거 없다. 모든 것이 필연을 가장한 우연이다. 지금은 조우연이지만 진짜 제목은 막이 내린 후 조필연이 될 수도 있다. 난 지금의 제목도 맘에 든다. 매일이 연극이다.
> ―「조우연」 부분

"제목이 조우연이었다."는 진술로 시작된 시「조우연」은 자신의 실존이 조부가 지어준 '제목'과 같은 것이며, 그 '제목'

은 '진짜 제목'이 아닐 수도 있다는 의심을 통해 가족 내에서 자신의 위치와 역할을 규명한다. '조우연'이 진짜 제목이 아닐 수도 있다는 심증은 '조연들의 비중'과 '미장센'으로 비유된 가족 구성원과 생활환경에서 얻어진 것이다. '미장센'이 '첫 장부터 막장'이었다는 것은 가난으로 인한 가족의 갈등과 그로 인해 자신의 '진짜' 모습으로 살지 못하고 조연의 요구에 따라 '공부 잘하는 모범생 역'을 해야만 했던 저간의 사정을 함축한다. 이름은 실존의 표상이다. 내가 나라는 것을 믿고 확증하지 못할 때 실존은 가짜가 된다. "제목에 상관없이 막장"이 된 삶을 억지로 살아내야 할 때, 실존의 기분은 '지루함'으로 치닫는다. 내가 아닌 나를 연기(演技)해야만 하는 지루함에서 냉소가 발원한다. "별거 없다. 모든 것이 필연을 가장한 우연이다."라든지, "지금은 조우연이지만 진짜 제목은 막이 내린 후 조필연이 될 수도 있다. 난 지금의 제목도 맘에 든다. 매일이 연극이다."는 화자의 진술은 선택의 여지가 없는 운명적 삶, 즉 조부가 지어준 이름을 그냥 받아들일 수밖에 없는 사태처럼, 세계와 삶은 선택 불가능하며 또한 의지를 통해 개선될 수 없다는 냉소적 인식을 반영한 것이다. 시 「조우연」은 조연들과 미장센에 의해 좌우지되는 주연의 지루한 삶을 막장 연극에 비유함으로써 세계―내―실존의 삶이 별게 없다는 냉소를 드러낸다.

대체적으로 냉소는 니힐리즘(nihilism)을 동반하는 경향을 보인다. 그런데 조우연 시인의 경우 "난 지금의 제목도 맘에 든다."는 표현에서처럼 반어(反語)와 짝을 이룬다는 특징을 보인다. 연기를 하는 '조우연'이 마음에 든다는 화자의 진술은 시의 유기적 맥락과 흐름에 의거한다면 분명 반어로 읽혀진다. 그러나 포함의 뜻을 지닌 '~도'라는 보조사 때문에 화자의 진술이 반어가 아닌 진심일 수도 있다는 해석의 여지를 준다. 이러한 것을 편의상 평어와 반어의 경계에 위치한 '반반어(半反語)'라는 조어(造語)로 정의해볼 수 있다면, 조우연 시인의 실존적 위치는 '조필연'과 '조우연'으로 계열화되는 진짜와 가짜, 주연과 조연의 경계에 걸쳐 있으며, 시인이 보이는 냉소는 한쪽 계열의 삶을 경멸하는 '부정적 냉소'가 아니라 두 계열의 삶을 양립/포함하려는 '긍정의 냉소'에 가깝다는 해석이 가능할 것이다.

    그러니까 나 조우연은
    조우연의 아류고 표절이다

    (중략)

    그러나 나는
    전혀 조우연이 될 수 없고
    조우연 아재비다

> 조우연의 우물과
> 그 안의 검은 우울을 가질 수 없다
> 슬픈 날에도 그녀처럼
> 실눈으로 눈물까지 찔끔거리며 웃는 눈치가 없다
> 제법 스러울 수는 있고 답게는 될 수 있으나
> 겨우 조우연 아재비일 뿐이다
>
> 사실 참 다행이다
> 조우연이 비바람을 맞고 떨고 있을 때
> 나는 떠는 척만 해서
> 조우연이 세상 돌아가는 일에 게거품을 물며 선두에 설 때
> 나는 그럴듯한 구호를 외치며 뒷줄에 서서 언제든 돌아설 수 있으니
> 아재비라서 참 천만다행이다
>
> ─「조우연 아재비」부분

「조우연」에 나타난 '조우연'과 '조필연'의 관계는 위에 인용한 「조우연 아재비」에서 '조우연'과 '조우연 아재비'의 관계로 동일하게 변주된다. '아류'와 '표절'로 표현된 '조우연 아재비'는 '제법' 스러울 수 있고, '답게'도 될 수 있다는 점에서 완전히 부정적인 존재는 아니다. 이러한 인식은 앞서 살펴

본 "난 지금의 제목도 맘에 든다."는 반(半)반어적 표현의 의도와 궤를 같이한다. 모방자, 표절자로서의 삶을 긍정하면서도 '전혀' 조우연이 될 수 없다는 강한 부정을 내비치는 이유는 무엇일까? 이 물음은 '조우연'의 본질은 무엇인가와 관련한다. 그에 대한 답은 "조우연의 우물과/그 안의 검은 우울을 가질 수 없다"는 표현에서 찾을 수 있을 듯하다. 전후 문맥을 살펴보면, '아재비'가 가질 수 없는 것과 흉내 낼 수 없는 것이 '조우연'의 본질일 수밖에 없다. '조우연아재비'가 결코 흉내 낼 수 없는 것은 실존의 근원에 깊이 자리한 '우물'과 그 안에 담긴 '검은 우울'이다. '검은 우울'은 외부 세계가 주체에게 가한 사회적 고통에서 생겨난 것이라기보다는 자신의 의지와 상관없이 세계 속으로 내던져진 실존의 비극적 운명에 의해 촉발된 근원 정념이라 할 수 있다.

냉소가 세계를 향한 외적 시선(視線)이라면, 우울은 실존을 향한 내적 응시(凝視)라 할 수 있다. 시선과 응시가 서로 조응하지 못할 때 히스테릭한 주체가 탄생한다. 히스테릭한 주체는 세계에 대한 과도한 분노와 신경질로 인해 의식의 분열을 보인다. 조우연 시인의 냉소와 우울은 의식 분열보다는 대립된 삶을 통합하려는 긍정적 기운을 보인다는 점에서 히스테릭한 주체와는 사뭇 다르다. 통합과 긍정의 기운은 "아재비라서 참 천만다행이다"는 반어, 앞서 말한 '반반어'의 한 효과라 할 수 있다. '검은 우울'을 지닌 조우연이 "비바람을 맞고 떨고 있을 때"에 '떠는 척'만 해서 고통을 덜어주고, "세상 돌아가는 일에 게거품을 물며 선두에 설 때"에 그 위험으로부터 '언제든 돌아설 수' 있게끔 하는 '조우연 아재비'의 역할은 겉으로 보기엔 나약하고 비겁해 보이지만 실제에 있어서는 삶의 균형을 잡아주는 중요한 역할을 한다. 떠는 척하고, 언제든 돌아설 수 있게 하는 '조우연 아재비'를 부정하거나 힐난하지 않는, 그렇다고 완전히 긍정하는 것도 아닌 시인의 '반반어적' 태도는 『폭우반점』에 실린 시편들을 관통하는 세계관이라 할 수 있다.

4. 생명과 치유의 바느질

조우연 시인의 '반반어적' 태도는 긍정도 부정도 아닌 애매한 태도라기보다는 "발목 하나로 앓는 환상통"(「문의 말」)과 "반지하 수압에 가자미처럼 납작해진 사람들"(「면목동 반지하」)의 상처를 깁고 꿰매는 봉합의 태도, 즉 상처를 꿰매는 생명의 바느질에 해당한다. 앞서 살펴본 조우연 시인의 수사적 전략과 반반어적 태도는 삶의 상처와 균열을 촘촘하고 조밀하게 기워가는 바느질의 수사라 할 수 있는데, 특히 3부에 실린 시편들과 어머니를 소재로 한 시편들에 그런 특징이 잘 드러난다. 바느질은 치유고, 치유는 모(女)성의 영역이다. 그러한 모성의 역할을 시인은 "중심에 엄마가 있었고 영원한 빛에너지이며 생명의 근원이었다. 절대 꺼지지 않을 우리 모두의 태양."(「태양계 가족」)으로 비유한다.

아, 어머니, 당신이 지하에서 박는 미싱 소리가 가로등의 간격을 허물고 있어요. 잠시 한눈을 졸면 껌뻑이며 제자리를 이탈해버린다고요. 놔둬라, 다 갖고 살 순 없단다. 내 금세 다시 박아주마.

내 바느질은 어디부터 잘못되었을까요. 다 뜯어내고 매듭부터 다시 지어야 할까요. 도주를 꿈꿀 때마다 손끝에서 피가 솟구쳐요. 월담을 꿈꾸는 넝쿨장미의 허리를 동여매는 헤링본스티치의 위력 같은 것, 마치.

이마에 둥근 시계를 박아 주세요. 일정한 초침의 바느질은 후회를 만들지 않아 다시 실을 푸는 일이 없지요. 어느 때고 초침이 멈추면 눈과 입과 음부까지 꿰매 주세요. 변명이 새 나가지 않게, 한 땀 한 땀.
—「바느질의 달인」 부분

어머니의 '미싱 소리'는 '가로등의 간격'을 허물듯 가난으로 인해 벌어진 가족 간의 상처를 꿰매 하나가 되게 하는 치유의 행동이다. 그것은 '제자리를 이탈'한 가족들의 자리를 "금세 다시 박아"서 되돌려놓는 "장경(莊敬)한 양식"(「옹기들」)이며, 가족의 영역으로부터 '도주'와 '월담'을 꿈꾸는 화자의 '허리'를 상하로 번갈아가며 촘촘히 박는 '헤링본스티치' 같은 '위력'이다. "일정한 초침의 바느질"로 흔들림 없이 가족을 위해 일을 하는 어머니들의 강인한 모습은 「강대나무」에서 "근심 없는 날 없었으나/근심(根心)으로 살아왔을 어머니"로, 「옹기들」에서 "숨구멍으로 호흡하는 법을 터득한 그녀들은/서로의 안부를 묻지 않는다, 다만/손등의 균열과 표정의 농담(濃淡)으로/무엇을 담고 살았는지/몇 번 내동댕이쳐졌었는지 짐작할 뿐"이라는 진술로 드러난다. '손등의 균열과 표정의 농담'으로 삶의 궁극을 터득한 어머니의 바느질은 '불안정한 운행'으로 태양의 중심을 도는 오빠와 '삐따닥한 기울기'로 자신만의 궤도를 돌고 있는 화자 그리고 '마땅한 행성'도 되지 못한 아버지의 삶을 꿰매고 박아 제자리에 묶어두는 단단한 '매듭'이자 '중력'이다. 하여, "다 갖고 살 순 없단다."는 지혜의 말을 화자에게 일러주는 어머니는 삶의 중심이고, 생명의 에너지이고, 영원히 꺼지지 않는 태양이며, 이 세계의 균열을 메우는 치유자라는 것이 어머니를 소재로 한 시편들의 일관된 주제다.

5. 자, 대들어라

조우연 시인의 첫 시집 『폭우반점』은 '조우연'과 '조우연 아재비'의 자화상이고, 바느질로 삶의 상처를 꿰매는 어머니의 자화상이다. "우울우울, 했는지도"(「말주머니」) 모를 아버지의 자화상이고, "가난하고 낮은 이들"(「이녁」)의 자화상이다. 우울과 냉소의 프리즘(prism)으로 '나'와 '가족'과 '세계'의 불협화음을 굴절시키고 분산시켜 삶의 상처를 드러냄으로써 우리들의 삶이 얼마나 고독한지를 보여주면서 그 상처를 모성의 힘으로 치유하려는 일련의 과정이 『폭우반점』의 시작과 끝이라 할 수 있다. 그러한 내용은 조우연 시인만이 아니라 많은 시인들이 다룬 주제이기에 자칫 진부해보일 수 있다. 그러나 치밀하고 조밀한 수사적 능력과 실존에 대한 깊은 사유를 통해 진부함의 벽을 충분히 넘어서고 있기에 향후의 시세계에 대한 기대 또한 클 수밖에 없다. 일일이 거론할 수는 없지만, 『폭우반점』의 많은 시편들이 주는 모종의 울림은 수사의 디테일과 실존의 진퇴양난을 가감 없이 보여주는 진정성에 기인한다는 것은 자명하다. 이번 시집의 표제시이자 첫 번째로 실린 시 「폭우반점」의 마지막 구절 "자, 대들어라/피골이 상접한 갈비뼈 두 가락을 빼들고!"라는 결기의 진술은 이번 시집의 분위기와는 상당히 다른 면을 보인다고 할 수 있다. "몸을 못 삼아 붙잡고 살아온 그림자를 이제 놓아주려 합니다. 새들이 그러하듯이."라는 '시인의 말'에 따른다면 『폭우반점』의 시들은 '그림자'를 놓아주는, 일종의 '해원(解冤)'과 같은 것이라 할 수 있다. 그러한 점을 고려한다면 "자, 대들어라/피골이 상접한 갈비뼈 두 가락을 빼들고!"는 해원의 강한 의지를 보여주는 것으로 읽히기도 하지만, 한편으로는 다음 시집의 전조로 읽히기도 한다. 그래서 향후의 시들이 더욱 기대가 된다. 대드는 것보다 기피하는 것에 익숙한, 그래서 숭고함과 우아함이 소멸된 작금의 시적 경향에 갈비뼈를 빼들고 달려드는 시인의 시가 미래의 일침이 되기를 바란다.

이 도서의 국립중앙도서관 출판시도서목록(CIP)은 서지정보유통지원시스템 홈페이지(http://seoji.nl.go.kr)와 국가자료공동목록시스템(http://www.nl.go.kr/kolisnet)에서 이용하실 수 있습니다.(CIP제어번호: CIP2019048502)

문학의전당 시인선 0314

폭우반점

ⓒ 조우연

초판 1쇄 인쇄 2019년 12월 2일
초판 1쇄 발행 2019년 12월 9일
     지은이 조우연
     펴낸이 고영
   책임편집 서윤후
     디자인 헤이존
     펴낸곳 문학의전당
    출판등록 제2017-000002호
       주소 서울시 마포구 마포대로 11길 91, 3층
       전화 02-852-1977 팩스 02-852-1978
   전자우편 sbpoem@naver.com

    ISBN 979-11-5896-445-0 03810

* 이 책의 판권은 지은이와 문학의전당에 있습니다.
* 양측의 서면 동의 없는 무단 전재 및 복제를 금합니다.
* 잘못 만들어진 책은 바꿔드립니다.
* 이 시집은 2019 충청북도, 충북문화재단의 후원으로 발간되었습니다.